Buenas Noches Pequeña Astronauta

POR DR. INTERGALÁCTICO

FOTOS DE VISOEALE
TRADUCIDO POR WILMAN VERGARA, MHI

AD ASTRA MEDIA, LLC • VIRGINIA

www.adastrasteammedia.com

ISBN: 978-1-0879-5999-3
IMPRESIÓN: PUBLICADO INDEPENDIENTEMENTE

Buenas noches pequeña astronauta
Que duermas pequeña astronauta

Para que puedas ser lo mejor que puedas
Descansa para que cumplas tus metas

Tienes que volar hacia el cielo
Despedirte de la Tierra al coger vuelo

Astronautas son valientes e inteligentes
Pero descansa para que temprano empieces

Buenas noches pequeña astronauta
Que duermas pequeña astronauta

Mañana es tu gran dia
Que brinques en tu cohete y tomar via

Astronautas estudian arte, ciencia,
ingeniería y matemáticas
Pero antes de dormir, te bañas

Astronautas estudian la Tierra, la luna y espacio
Y cuando exploran corren muy despacio

Buenas noches pequeña astronauta
Que duermas pequeña astronauta

Jupiter

Mars

Volaras por Marte y Júpiter también
El espacio está lleno de colores
como rojo, verde y azul

El sol es una estrella
Que brilla lejos y bella

¿Qué comen los astronautas?
Pues comen barras congeladas

Buenas noches pequeña astronauta
Que duermas pequeña astronauta

Que mañana iras a explorar
Recogerás datos aprenderas mas y mas

Astronautas nos enseñan el
mundo y el universo
Saben quien fue el primero que la luna piso?

Su nombre era Neil e inspiró bastante
Pero tenia mucha ayuda de amigas como
Katherine Johnson

Buenas noches pequeña astronauta
Que duermas pequeña astronauta

Venimos del polvo de estrellas
y a las estrellas vas
Y el conocimiento que queremos tener lo tendrás

De adonde vinimos?
A donde iremos?

¿Habrán otros como nosotros?
La tierra quisiera saber

Buenas noches pequeña astronauta
Que duermas pequeña astronauta

Tu viajas en naves espaciales
con botones y luces
Estudias ciencia tanto de día como en las noches

Viajas el mundo en tan poco parpadeos
Si lo piensas, es verdaderamente asombroso

Pero esa es el mundo de la ciencia, bien chevere
Eres un científico, no eres ingenuo,
sabes lo que prefiere

Buenas noches pequeña astronauta
Que duermas pequeña astronauta

Que mañana es un gran dia...

www.ingramcontent.com/pod-product-compliance
Lightning Source LLC
Chambersburg PA
CBHW060758150426
42811CB00058B/1440